www.sachildrensbooks.com

Copyright©2014 by Inna Nusinsky Shmuilov

All rights reserved. No part of this book may be reproduced in any form or by any electronic or mechanical means, including information storage and retrieval systems, without written permission from the publisher or author, except in the case of a reviewer, who may quote brief passages embodied in critical articles or in a review.

Todos los derechos reservados. Ninguna parte de este libro se puede utilizar o reproducir de cualquier forma sin el permiso escrito y firmado de la autora, excepto en el caso de citas breves incluidas en reseñas o artículos críticos.

First edition, 2015

Traducción al inglés de Laura Bastons Compta
Translated from English by Laura Bastons Compta

I love to share (Spanish Edition) / Shelley Admont
ISBN: 978-1-77268-046-1 paperback
ISBN: 978-1-77268-487-2 hardcover
ISBN: 978-1-77268-045-4 eBook

Although the author and the publisher have made every effort to ensure the accuracy and completeness of information contained in this book, we assume no responsibility for errors, inaccuracies, omission, inconsistency, or consequences from such information.

Para aquellos a los que más quiero - S.A.

— Mirad cuantos nuevos juguetes tengo —dijo Jimmy, el pequeño conejito, mirando alrededor de la habitación.

Su fiesta de cumpleaños había terminado y la habitación estaba llena de regalos.

—Oh, tu fiesta de cumpleaños ha sido muy divertida Jimmy —dijo su hermano mediano.

—Vamos a jugar —dijo su hermano mayor, cogiendo la caja más grande—. ¡Aquí dentro hay un tren enorme!

De golpe, Jimmy se puso en pie de un salto y agarró la caja.

—¡No la toques, es mi tren! —gritó—. ¡Todos estos regalos son MÍOS!

—Pero Jimmy, siempre jugamos juntos —dijo el hermano mayor—. ¿Qué te pasa hoy?

—Hoy es MI cumpleaños y estos son MIS juguetes —gritó Jimmy.

—Mejor vamos a jugar a baloncesto —dijo el hermano mayor, echando un vistazo al exterior—. Hoy el tiempo está muy bien y soleado.

Los dos hermanos conejitos cogieron el balón y salieron de la casa. Jimmy se quedó solo en la habitación.

—¡Sí!— exclamó —¡Ahora todos los juguetes son para mí!

Cogió la caja más grande y la abrió feliz. Dentro, encontró un circuito de vías y un tren de colores. Sólo necesitaba montar las vías y el tren.

—¡Oh, estas piezas son muy pequeñas! —dijo sujetando las partes del circuito de vías—. ¿Cómo puedo ponerlas juntas?

De alguna manera construyó una vía, pero salió torcida. Cuando, por fin, conectó su nuevo tren de colores, éste se quedó atascado en la vía.

Jimmy miró alrededor y vio otra caja.

—No me voy a preocupar. Tengo más juguetes nuevos —dijo abriendo otro regalo que contenía muñecos de superhéroes.

—¡Guau! —exclamó Jimmy, mientras corría alrededor de la habitación con sus nuevos muñecos de superhéroes en las manos.

Pronto se aburrió y se cansó. Lo probó todo. Jugó con su oso de peluche preferido y hasta abrió todos sus regalos, pero aquello no era divertido.

Entonces, miró por la ventana y vio a sus hermanos jugando alegremente a baloncesto. El sol brillaba y se lo estaban pasando en grande.

—¿Cómo se lo pueden estar pasando tan bien si sólo tienen un balón? —se preguntó Jimmy—. El resto de los juguetes están aquí conmigo.

A continuación, escuchó una voz extraña.

—Comparten —dijo la voz.

Jimmy miró a su alrededor, clavando los ojos sobre su cama donde su oso de peluche estaba sentado. La voz venía de allí.

—¿Qué? —preguntó Jimmy en un susurro.

—Digo que ellos comparten —repitió su oso de peluche con una sonrisa.

Jimmy le miró sorprendido. Nunca había pensado que compartir podría ser divertido.

Jimmy agitó su cabeza.
— No...no me gusta compartir. Me encantan mis juguetes.
—Pruébalo —insistió su oso de peluche—. Tan sólo pruébalo.

Mientras tanto, el tiempo cambió. Nubes oscuras cubrieron el cielo y grandes gotas de lluvia empezaron a caer.

Riendo, los dos hermanos conejitos entraron corrieron en la casa.

—Oh, estáis muy mojados —dijo mamá—. Iros a cambiar la ropa y os prepararé un chocolate caliente.

—Jimmy, ¿quieres chocolate caliente también? —preguntó su madre.
Jimmy asintió.

La mamá abrió la nevera para coger la leche.
—Mira, queda un pequeño trozo de pastel de tu cumpleaños —anunció su madre.

Jimmy se puso de pie.
—¿Sí?, ¿puedo comérmelo? ¡Estaba muy bueno!

En aquel momento, sus hermanos entraron en la cocina.

—¿Has dicho pastel? —preguntó su hermano mediano.

—Me gustaría un trocito —añadió su hermano mayor.

Su padre les siguió.
—¿Es eso un...pastel de cumpleaños?

La mamá sonrió tiernamente.
—Ahh... de hecho sólo queda un minúsculo trozo de pastel y somos cinco.

Jimmy miró a su amada familia y sintió como una agradable sensación se extendía por todo su cuerpo desde su corazón. Sabía qué tenía que hacer y se sintió muy bien.

—Podemos compartir —dijo—. Vamos a dividirlo en cinco trozos.

Todos los miembros de la familia de conejos asintieron con sus cabezas.

Después, se sentaron alrededor de la mesa y cada uno disfrutó de su trocito de pastel de cumpleaños y del chocolate caliente.

Jimmy miró sus sonrientes caras y pensó: "compartir puede hacerte sentir muy bien después de todo."

Cuando terminaron, mamá se dirigió a Jimmy y le dio un enorme abrazo.
—Feliz cumpleaños cariño —dijo ella.

Los dos hermanos mayores y su padre se acercaron y compartieron un abrazo familiar.

—Feliz cumpleaños, Jimmy —gritaron todos juntos.

Jimmy sonrió.
—¿Queréis ir a jugar con mis juguetes? —preguntó a sus hermanos—. Tengo un nuevo tren y nuevos superhéroes.

—¡Sí, vamos a jugar! —gritaron los hermanos conejitos.

Juntos, Jimmy y sus hermanos construyeron una vía de tren perfecta. El tren silbó y corrió rápido sobre los raíles.

Los hermanos abrieron los regalos y jugaron con todos sus juguetes.

¡Desde aquel día a Jimmy le encanta compartir e incluso afirma que compartir es divertido!